VERSOS INSEPARABLES

POEMAS ÍNTIMOS

ExLibric

MARÍA ISABEL PATRÓN FAJARDO

VERSOS INSEPARABLES

POEMAS ÍNTIMOS

EXLIBRIC

ANTEQUERA 2022

MARÍA ISABEL PATRÓN FAJARDO

VERSOS INSEPARABLES

POEMAS ÍNTIMOS

*Para esas tres personas que se fueron demasiado pronto
y que sé que se sentirían profundamente orgullosas de mí.*

*A ti, mamá, por hacerme saber lo que es una mujer fuerte.
Tú me enseñaste lo mejor y lo peor de mí.*

*A ti, papá, por saber seguir adelante y seguir sonriendo
en los peores momentos, caminar derecho, de frente, acechar cuando
las corrientes vienen fuertes y seguir, siempre seguir.*

*A ti, hermano, por tu cariño, tu ternura, tu optimismo,
tu valentía. Aprendí de ti que una sonrisa a tiempo
no está de más y un abrazo y un beso tampoco.
Tu simpatía y espíritu libre me acompañan.*

Nota de la autora

De pequeña ya me ponía a escribir, ausente, meditando, como si el mundo estuviese a mis espaldas. Ya de adolescente imaginaba sitios distintos, campos y sueños fantásticos. Amaba la poesía porque leía a *una princesa triste, sin saber qué le pasaba*. La poesía era el género perfecto para escapar de este mundo y adentrarme en otros.

En la preadolescencia me aficioné al género poético; si bien, la lectura siempre me gustó desde niña. ¿Qué mejor manera que aprender literatura, aprender de los clásicos y de nuestra lengua tan rica y variada? Así fue como me decidí a hacer filología hispánica, más para disfrutar y aprender y por orgullo propio que por amor a la enseñanza.

Participé y participo en concursos literarios. También he organizado recitales durante el Día de la Poesía para el Ayuntamiento de Malpartida de Cáceres, de donde soy, y he participado y colaborado con mucha satisfacción en el Ateneo de mi ciudad.

Lo que nunca me cuadraba es esa definición tan académica de poesía. Ahí empezaron mis dudas, ahí empezaron mis primeras preguntas al profesor de literatura: «¿Por qué esa definición tan docta? ¿Por qué ese sentido de poesía y no otro? ¿Por qué dar un solo sentido a un poema de Bécquer —por poner un ejemplo—, y no otro razonadamente?». Cosas como estas me hicieron pensar que no hay género más profundo como la poesía. Nuestro poeta, el gran Pedro Salinas, dijo acerca de la poesía: «Poesía es encontrar la esencia de la realidad, descubriendo el tiempo y sus interrogantes».

Los intentos por definir el poema han sido muchos y variados a lo largo de los tiempos desde los clásicos hasta nuestros días. Esto mismo seguirá pasando debido a los cambios culturales, las corrientes y etapas por las que atraviesa y seguirá atravesando el lenguaje y, en general, la humanidad.

El poeta trata de revelar cómo he intentado plasmar en este primer libro lo más cercano del hombre, sus emociones y vivencias y lo hace de la mejor manera que sabe, utilizando su arma más fuerte: LA PALABRA.

La poesía requiere enseñanza, divulgación, es revolucionaria por naturaleza.

También es verdad que, aunque es fácil decir que uno escribe para sí mismo, para descargar sus emociones, siempre piensa en quién leerá sus versos y en si ese lector comprenderá realmente sus sentimientos y su poesía. Sería hipócrita pensar que uno escribe por escribir sin que nadie juzgue o argumente lo escrito.

Considero que la palabra «poesía» me ha dado mucho a lo largo de mi vida. Es más, considero que la palabra de por sí me ha dado mucho. Es una posibilidad de crecer y de construirme como persona y como poeta. Es una manera de demostrar mis cambios y mi aptitud frente al mundo. Ella me ha formado y me sigue formando en momentos buenos y malos de mi vida, me ha acompañado siempre y espero que siga ahí.

A MI PADRE

¡Qué alegría vivir lo no vivido,
soñar lo no soñado!
Incertidumbre y hastío,
irritación y desgana por sentirme inmóvil,
indecisa hacia lo que depara el tiempo.
Cuando me espíen,
cuando me digan que estoy aquí,
en este mundo lleno de contemplaciones,
de espejos, sonámbula y absorta,
apurada y perpleja, llena de vacilaciones.
Cuando me vea bloqueada y asediada
en este inmenso paisaje.
Ahí estés tú.
¡No me falles!
¡No te vayas!
Que si yo quiero el mundo es porque no me defraudas.
Me enseñas a distinguir el cielo gris
y transformarlo en azul vivo.
Contigo el viento áspero y recio
se vuelve suave brisa otoñal.
Las hierbas ásperas y toscas se vuelven apacibles.
Tú, el hombre más sabio, aún no me has respondido:
¿Sigues aquí? El jardín no florece si tú no lo riegas.
El aire no será plácido si no estás en él.

A MI PUEBLO

Un día cualquiera me inspiras por ser tú,
lindo pueblo,
eres insinuación, eres hechizo.
El canto de tu viento seduce, extasía.
Tus aromas profundos embelesan e incitan,
de tus bellos paisajes florecen bellos jazmines,
luces y sombras que embriagan a la aurora.
Mi retina se absorta contemplando tu alba,
contemplando tus casas y ricos berrocales
que unen cielo y tierra fusionando miradas.

Recuerdo en ti mi infancia.
Mis ojos se fijaban en ti atónitos,
entusiasmados por tu belleza.
No dejaba de contemplarte.
Al observarte veía tu imagen como en un cuadro
que perfila el infinito.
Tus calles parecían eternas.
En ellas percibía el frío amanecer del invierno
y la fragancia primaveral.
Rocas inmortales te rodean y contemplan,
grandiosas dominantes que alcanzan las nubes
susurrando sonrisas a las aguas azules.
Perpetuas aves residen en tu cielo
emitiendo baladas y susurros de amor.
Las gloriosas cigüeñas anidan en tu torre
comunicando impacientes su estado emocional.

Gigantescas renacen, bulliciosas y altivas
esperando inquietantes las campanas oír.
Tus fachadas impolutas huelen a rico puchero,
tienen arte, don, historia.
Eres tú, mi lindo pueblo.

ESTACIONES

Agitada primavera de verdes árboles,
tú, que floreces día a día,
tú, que apasionas con tu dulce cantar.
Insinúate.
Enseña a provocar como tú solo sabes,
con tu olor, tu aroma,
tu fragancia armoniosa.

Suscita pasiones.
Guíame como las flores excitan a los árboles.
Tu perfume embriaga la naturaleza,
los pájaros entonan baladas mientras el río corre,
el agua susurra poemas de amor.
Dulce primavera…
fragancia infinita en constante movimiento.
Absorbe estas palabras y entona tu himno
con lluvia impasible y cielo otoñal.
El río en movimiento entona melodías
mientras las aves murmuran a las flores frescas
sonetos de amor.
Dulce primavera…
quédate conmigo.
Los enamorados esperan distantes a orillas del lago
recitando versos bajo el encinar dormido.
Dulce primavera…
sol del mediodía.

No te alejes nunca,
sueñas con volver.

Y tú, verano,
¿dónde estás?
¿Acaso desvaneces?
Caluroso verano,
tus rayos intensos me dan vida,
tu calor endulza mi espíritu y llena de alegría
mi sonrisa inerte.
Caluroso verano,
endulza con tus rayos de esperanza
las almas ennegrecidas.
Invita a sonreír a aquellos que no saben.
Alimenta con tu calor los fríos y atormentados rostros
que sienten necesidad de tu compañía.
Dejas atrás la cándida primavera y embriaga de armonía
sus aires perfumados.

Sientes que te vas pronto.
Dejas paso a las hojas caídas del agitado otoño
y calientas de inocencia los fríos ánimos.
Ese eres tú, verano.

Otoño,
ya estás aquí.
Cantos espirituales, celestes,
eternas melodías,
ondas que acarician los árboles tras su tierna caída,

flores, verano, triste despedida,
susurro,
olor fresco,
himno y melancolía,
cantar de aquellas aves que entonan, renacen, suspiran.
Huelen a aire limpio,
aire, olor y caricias.
Caricias de aire puro como la noche y el día,
como el agua de aquel río,
como las hojas marchitas.
Hojas que vemos besarse,
besando el suelo, aireadas de ternura,
de llanto, de eternas sonrisas.
Cielo inerte, dormido,
esperando que las nubes
le den alma, le den vida.
Cándido otoño, viejo otoño.
Tu voz renace escondida.

Y tu invierno, ¿por qué te escondes?
Anhelo tu frío intenso,
tus calles vacías y húmedas
sumergidas de blanco impávido,
blanco vacío, blanco desierto.
Tus campos huelen a escarcha,
a hogar de lumbre y brasero,
a tarima y a templanza,
a hogar de noche y a fuego.
A familia y a diálogo,

21

a comida y a puchero,
a conversación con fondo,
a paisaje verdadero.

AL ÁRBOL AMIGO

Yo soy un ave, tú eres mi espacio,
yo soy tu súbdito, tú mi refugio.
Siento venir hacia mí los pensamientos
que fluyen hacia ti en lo más profundo.
Hago mi nido allá entre tu espacio
e invado tu mundo, que es también mío.
Allí entre tus ramas murmuran las hojas,
cómplices y amigas por vocación.
Susurran al viento, al ave transmiten.
Me haces feliz.

Abres tu corazón y allí en tu nido
permanezco pasivo mirando al sol,
sabes alcanzar mi sentimiento,
cómplice de mis virtudes y mis defectos.
A ti divulgo mis emociones
esperando algún día contestación.
En ti confío, en ti me inspiro,
partícipe de mis actos y mis ideas.
Sabes insinuarte y despertar mi alma errante,
sabes aconsejarme e influyes en mis versos,
porque ves en mí algo que yo no veo,
algo que yo no sé,
algo que yo no siento.

Ese árbol lleno de vida,
lleno de luces y de sombras.
Ese árbol cercano al valle,
entre trigales y regadíos,
refugio de aves, de amores, de extraños.
En ti, viejo árbol, han brotado diversos colores,
distintas pasiones y melodías de muy diversa intensidad.
En ti han nacido tonos, opacos y ocres,
perfumes con mil aromas, difícil de descifrar.

Á
R
B
O
L
A
M
I
G
O

AMIGA NOCHE

Amiga noche, noche desolada.
Tú me traes al recuerdo de mis versos
siempre sola, árida, distante,
con ilusiones y quimeras,
fantasías y desiertos.

Sobre el páramo, la luna me acompaña
y mi sombra y mis versos.
Tú, clandestina, eres amiga,
eres palabra de muchos misterios,
eres estímulo y sugerencia.

Háblame y dime el porqué de mi añoranza,
dime si mi tristeza es también tu pesadumbre.
Mi secreto es tu secreto.
No olvides, amiga noche, que juntas
traspasaremos espinas y aflicciones,
tormentos y dolor.

Bajo la luz de las estrellas
el foco de optimismo divaga
por mi mente y ahuyenta sensaciones
de fatigas y pesares.
La luna fugitiva ilumina mi ausencia,
comunica secretos y rebela pasiones.
Dispersa y liberada consigue evadirse,
volviendo azulada la noche ancestral.

Bajo el pulcro paisaje descargo mis instintos
llenando de emociones mis versos desolados.
El paisaje duerme y la luna ilumina
el frío rostro del agua cristalina.
Se ve pura, diáfana, limpia,
bendecida por estrellas y corales.
Pulcra como el paisaje que la rodea,
como la tierra que envuelve su arroyo,
como el sueño del niño que inocente divaga.

AQUÍ

Aquí, en este tiempo olvidado,
donde el sol cae y la tormenta se desliza impasible
por las adversidades del día.
Aquí, donde la lluvia se desliza por las calles inalteradas
y las angostas plazas del omitido pueblo.
Aquí, en la ampulosa casa, marchitada, caída,
silenciosa y abrupta.
La casa donde tu infancia nació abriendo sus puertas
a tu niñez perdida,
la casa que abrió los vanos de par en par
y supo conocerte, supo sacar tu risa, tu luz y tu espíritu.
Aquí, en este paisaje hermoso que da lugar al recuerdo.
Aquí, se remontan tus primeros pasos,
tus primeras palabras, tus primeras caricias.
Tras los cristales nada cambia, la casa se ha marchitado,
ha envejecido como una ciudad perdida,
pero todo sigue igual, aquí.

ASÍ SOY YO

Aventúrate a salir despacio del pasado,
dejar lentos los pasos marchitos del presente
y caminar hacia ese futuro incierto.
No dejes que los miedos se apoderen de ti
ni te dejes arrastrar por el dominio maldito.
¡Camina fuerte y rompe tu silencio!
Aquí tienes mi voz:

Libre,
dispuesta a decir lo que piensa,
lo que siente.
Aquí tienes el alma joven.
Sin miedos, sin reparos,
decidida a no mentir bajo mis versos.
Aquí me tienes, aquí me quedo,
en la calle, en el mundo.
Quiero extender mis manos
a quien entienda mis palabras,
mis reclamos, mis recuerdos.

Auxilio

Las calles desoladas preguntan por mí
y no quiero verlas.
Caen cenizas de los fosos más oscuros,
subterráneos agujeros donde tarde o temprano iremos.
La calle se desalienta ante tanta oscuridad
y emergen tras de sí las hojas resecas y mustias.
Todo se desvanece.
Se disipa y esfuma la risa del niño
y la tibia luz inmortal que daba vida a lo eterno.
Ya no hay sustancia.
Se evapora la piedra puesta por el obrero,
la caricia de la madre estrechando a su hijo
y el juego de los enamorados con los labios fundidos.
El amor se extravía.
Deteriorando almas de desolados cuerpos,
se esfuman, se apagan
como velas marchitas y llamas extinguidas.
El amor se deshace.
Se quebrantan miradas
de los cuerpos fundidos en un solo ser
que se aíslan temiendo no hallarse de nuevo.
Pongamos remedio a esto.
Las aguas caen de los cielos grisáceos
y sus algodonadas nubes miran hacia abajo
pidiendo auxilio.
Ante tanta oscuridad brota de nuevo la esperanza,

esperanza de hallar el cariño desolado,
desolado por infames que matan en vez de mediar.
Juntemos pues nuestras manos
y veremos de nuevo el día,
el cielo azul, no grisáceo.
Dejemos ya de llorar.

VERANO

Caluroso verano, ¿dónde estás?
Tus rayos intensos me dan vida,
tu calor endulza mi espíritu
y llena de alegría mi sonrisa inerte.
Caluroso verano,
endulza con tus rayos de esperanza
las almas ennegrecidas.
Invita a sonreír a aquellos que no saben.
Alimenta con tu calor los fríos
y atormentados rostros
que sienten necesidad de tu compañía.
Dejas atrás la cándida primavera
y embriaga de armonía
sus aires perfumados.
Sientes que te vas pronto.
Dejas paso a las hojas caídas del agitado otoño
y calientas de inocencia los fríos ánimos.
Ese eres tú, verano.

CANCIÓN DEL ENAMORADO

¿Cómo me dejas tenerte?
Solo con pensarte te tengo,
solo con mirarte te siento,
solo con sentirte te espero.
¿Distancia?
Dime, ¿qué es eso?
No conozco esa palabra
teniendo cerca tu cuerpo,
sabiendo que estás ahí,
cerca del pensamiento.
Me ayudas, me enseñas, te entregas
fanática de mis sueños.
Ser tú, solo tú,
aureola de deseos,
dueña de tus encantos,
princesa de dulces cuentos.
Porque tú eres única,
flor viva de invernadero,
lluvia cálida que entró en mí
y envolvió todo mi cuerpo
para quedarte por siempre
y amarnos hasta lo eterno.

CANTO A LA NATURALEZA

Rondan las hojas y caen,
se mecen en tu cabeza insistentemente.
Arenales que flotan en un cuadro de pastel.
Ríos sonoros cruzándose en tu camino,
caminos sin rumbo fijo,
senderos sin final y sin llegada
que cruzan la imperfección.
Naturaleza que se escapa cuando ve llegar al hombre.
Flores entrelazadas como crepúsculo en el aire,
flores que huelen a tierra y remordimiento.
Anhelo por lo desconocido y por no conseguir
la libertad de ser infinito,
anhelo por querer poseer aquello
que desconoces llamado:
aire, agua, tierra y fuego.
Sonidos intensos de melodiosas multitudes
con criaturas hermosas que acompañan la mañana.
Placer por compartir aquello que es de todos
y que otros arrebatan,
mantengamos la LUZ para que la llama no se apague.
Que la muerte no quebrante lo que otros alimentaron.
Mantengamos la tierra limpia,
vacía de rastrojos y llena de maldad,
limpiémosla de bazofia que huele a podredumbre.
Limpiemos nuestras roñas,
salvando la HUMANIDAD.

CANTO A MI HERMANO

Tu luz se apagó, pero sigue siendo intensa.
La bondad te persigue donde quieras que estés,
en este mundo, en el otro,
en el de más allá,
porque eres único, inmejorable.

La soledad perece con tu existencia,
y ahora vuelve a recobrar fuerzas
que antes no tenía.

Vuelve.
Tu alegría era fruto de tus ganas de vivir,
de tus sentimientos sanos,
de tu ilusión incansable,
de la pasión y optimismo
por querer gozar la vida.

Las malas vibraciones huían de ti
y el brillo de tus ojos implicaba ternura.
Las rosas se consumen sin tu presencia
y el aire empieza a perderse.
YA NO HAY FUERZA.
LA SONRISA DE NIÑO GRANDE SE HA IDO,
PERO ALGO QUEDA AQUÍ,
EN MI CORAZÓN,
EN NUESTROS CORAZONES:
TU RISA.

Hermano,
te veo, te observo, te tengo.
Ayúdame cuando te necesite
y ahuyenta con tu encanto las malas sinfonías.

A UNA MADRE

Pelo oscuro, ojos negros y mirada penetrante.
Mujer hermosa con dulzura natural,
rostro intenso y agudo,
difícil de olvidar tu ternura y sencillez.

Amor de madre y amiga,
gentileza ardiente y vital,
querida por todos como las flores en primavera.
Olor penetrante, aún estás presente.
Prosperas y floreces día a día, noche a noche,
no te has ido, no te has marchado,
no has transitado por otro camino,
permaneces en mi regazo.

Tú, la más importante para todos, la única y principal,
auténtica para todos, sigues aquí.
Eres la rosa principal que adorna nuestro jardín,
el agua que riega nuestros árboles,
el pan que nos sigue alimentando.
Tus besos son tiernos y delicados como tú,
tus abrazos son susceptibles y afectivos.

Si te veía triste, la noche para mí era tempestad
y no una brisa de aire fresco.
La más enigmática flor,
la más misteriosa maravilla,
la bendición de las bendiciones.
La madre de las madres.

Canto al poeta

Volver, vuelva el que tenga que volver,
salir y decir que tienes que regresar
a tus tierras, a tus montes, con tus gentes,
tras el camino de un largo y delicado viaje.

Escuchar las voces de los tuyos
y oler los campos olvidados,
sintiendo el amor fiel de quien te espera.
Cerrar los ojos y seguir a cada paso
la senda incesante de aquel que dejaste ahí,
esperándote.

No eches en falta lo que dejaste atrás
y vuelve a la esperanza,
siente que el sol es la luz que te espera.
Contempla el cambio y aísla tu alma
de largos tormentos que invaden tu espacio.
Ahuyenta los ahogos e implora el nuevo día
para ser de nuevo tú:
poeta sereno, cercano, sin silencio, sin mutismo.

El poeta que crece día a día,
cuerpo a cuerpo, reflejo en el cristal,
poeta enigmático y vivaz, diligente, activo,
poeta de dulces sueños.
Superviviente del mundo,

poeta del lindo pueblo para surcar los caminos,
caminos muy venideros,
y allanar terrenos sucios como tú sabes hacerlo:
con tus letras, con tus rimas,
con tus delicados versos.

Dejadme

Inspirada en la canción última de Miguel Hernández

No quiero que me contéis más cuentos, no.
Dejadme soñar despierta, soñar dormida.
¡Dejadme!
Quiero romper espejos, amarrarlos, sujetarlos.
No, no quiero lazos ni nudos, garrotes ni ligaduras.
Prefiero la libertad.
Dejadme que siga soñando.
Dejadme que vea sonrisas donde solo habitan llantos.
Dejadme de cuentos chinos de rumores y de engaños,
prefiero vivir mis sueños,
alzar caminos, sellar mis lazos.
Prefiero pegar mis hebras,
atar mis nudos, clavar mis clavos.
Yo quiero soñar despierta,
vivir mi mundo, soñar volando.
Que tú te acuerdes de mí cuando estés en libertad,
cuando no estés amarrado,
cuando leas estos versos y estés como yo:
SUSPIRANDO
Y así empieces a escribir viendo caminos pasados,
viendo en tus versos escritos otros mundos ya soñados,
otros mundos más azules, menos tristes y amargos.

Río intenso

Dime por qué me hablas, río intenso,
dime qué me cuentas,
no me digas lo que piensas,
no me digas tus cantares.
Tu melodía es un coro,
un coro armonioso que canta al son de varias sinfonías.
Tus gemidos me dicen mucho,
ese sollozo intenso exime pesares.
Tras tus aguas azules se esconden nuestros tormentos,
tus tibias aguas encumbren nuestros secretos oprimidos.
Tu clamor me libera
y salva las almas invadidas por la inconsciencia.
Tus aromas florales calman los inmorales juicios
y anidan en aquellos vacíos de sentimientos.
¡No te vayas ni me dejes!
Los ojos color del mar se reflejan en tu cristal,
invadiendo en ellos tu optimismo y afán.
¡Desengáñales!
Diles que la ilusión es fruto de lo prohibido,
es fruto de la osadía y del atrevimiento.
Sumerge en tus aguas ilusiones y sueños,
y ampara impaciente deseos y amor.

El amor

En el amor no hay fronteras ni barreras ni color,
no existen matices ni límites ni hastío.
En el amor no hay franjas ni bordes ni precipicios,
no hay murallas que distancien el cariño.
En el amor sí existe un largo adiós que no cesa,
la larga senda de los besos, del abrazo y de los sueños.
El amor es un volcán que percibe la nostalgia,
nostalgia de encontrarnos vacíos,
inconclusos, huérfanos.
Intenta romper los cercos que distancian la pasión.
El amor es como un río colmado de sentimientos,
sentimientos positivos, íntegros, repletos,
saciado de fantasmas que ahondan por nuestra mente.
El amor… placeres prohibidos, placer terrenal,
sonrisas, miradas de luz transparente.

ELEGÍA A MI MADRE

El grito comenzó cuando te ausentaste.
La derrota comenzó y el vacío era inmenso.
Comenzaron los fantasmas del pasado
a perfilarse en mi pensamiento.
Te presentas a cada instante:
en las flores, en los gritos, en los aromas más intensos.
Siempre estás ahí.
Creí que te perdía y te veo a cada instante.
Estás presente,
inédita, bella…,
porque aún no te has perdido.

Floreces de los arroyos, de los poetas, de los cantos
de lo más bello y hermoso porque tú te lo mereces.
Tú te mereces estar presente,
te mereces la cercanía y la fragancia de lo eterno.
Te mereces la bondad infinita y alcanzar lo inalcanzable.
Eres incógnita que me proporciona
el hallazgo del universo inalcanzable.
Mi única estrella fugaz.

ESCRIBO

Aunque me sintiera sola,
sigo escribiendo.
Sigo escribiendo
porque mis palabras mecen la distancia
y me dan calor.
Escribo pensando en la luna y la añoranza,
escribo porque es mi mayor deseo escribir.
Escribo pensando en la noche y en el día,
en lo blanco y en lo opaco,
escribo si estás aquí.
Escribo con la sonrisa, la tristeza y la nostalgia,
con el viento perfumado del lúcido río,
con la soledad perenne que día a día me acompaña.
Escribo en compañía de mis seres más amados
porque para mí son mi verdadera poesía.
Escribo en lo oxidado, lo enterrado y lo omitido,
lo callado porque pasa inadvertido y no se puede decir.
Escribo lo decadente, lo blasfemo, lo dañado,
lo práctico, lo censurado, lo muerto, lo alicaído.
Escribo porque siento necesidad de escribir.

EXTREMADURA

Extremadura es pradera colmada de espesura,
es cerezo de un nutrido y bello valle.
Extremadura es historia, páramo y riqueza,
es berrocal que asoma y eclipsa tras la riada
de azules espejos cristalinos.

Extremadura, armoniosos son tus campos,
tus dehesas y tus montes.
Sopla el viento de tu sierra y el eco de tu riachuelo,
eso eres tú, semblanza y poesía,
canción que irradia en tu atmósfera.

Extremadura, tierra de agricultores que surcan
sus manjares, ennoblecen la hacienda
y no son valorados.
Aquí, en mi Extremadura, por donde trazan dos ríos,
se ven cascadas, arroyos y matorrales
entre plomizas lomas y pulidos follajes.

Extremadura, en ti han nacido miles de trabajadores,
te sentiste vejada, te sentiste distante.
¡Por fin hablas y respondes!
Tus gentes viste partir, viste llorar en silencio,
tus tierras quedaron desiertas, vacías de querencia.

Extremadura, tierra de atardeceres y viajeros,
en ti veo la sombra que apacigua el agua clara.
Extremadura, en ti la cuesta observo,
la rampa, la ladera que da hacia el sendero.

Encinas centenarias transmiten sentimientos
incitando a las rocas a emitir una sonrisa.

Extremadura es mi tierra, mi estancia y mi pueblo.
Allá en lo alto se divisan castillos y monasterios
alzados con mucho brío, pujanza y sumisión.
Extremadura, tus caudales, tus montañas
y tu radiante estampa son dignas de alabanza.

Extremadura, el peregrino partió y aún no ha llegado,
todavía lo esperas, lo añoras, lo quieres,
lo llevas en tu recuerdo, en la distancia oculta.
No dejan de recordar tus noches azuladas,
tu tibio aire, tu plácido ambiente
de sosegados y apacibles pueblos.

Extremadura, se divisan en ti fuentes
de aguas diáfanas, frescas y pulidas.
Hay en ti aire fresco porque fresco
es tu rostro, tu aroma, tu ternura.
Eres pura y transparente, eres tú,
MI EXTREMADURA.

FE CIEGA

Anhelando caminos desiertos indago en la sombra
y busco confusa el paso del tiempo.
Presiento caerme al vacío
y sostenerme firme como ave en el aire.
Precipitarme y ver cascadas infinitas de solitarias aguas
que rompen con crujidos los despojados rostros
e invierten cantinelas de aves y difuntos
en sus cálidas aguas mugrientas de rastrojos.
Pecaminosas almas pesarosas y obscenas
impuras de avaricia.
Remordimiento es todo.
Saciando su codicia con oración y alabanzas,
roñosas mentes blandas de corazón innoble
colmadas de dolor.
Emborrachad vuestros cuerpos con veneradas letanías,
Haced uso del rosario para amar y perdonar.
Mentes avaras, estrechas mentes.
Sórdida humanidad.

HE VENIDO

He venido para ver los rostros demacrados
esperando sosegarse para sonreír pronto.
He venido para ver las hojas caídas por la ausencia
observando las flores azuladas renacer.
He venido para ver desde lejos tu sombra
que me sonríe, distinguiendo la sonrisa cercana
del niño anhelando a su madre
y la desdichada bruma que de lejos se divisa.
He venido para ver las cicatrices curadas
esperando encontrar sanas las heridas de antaño.
He venido a contemplar los muros derruidos
y saber que piedra a piedra se pueden poner en pie.
He venido a cumplir sueños que aún debo realizar
y quitar sombras oscuras que vagamente percibo.
He venido a contemplar tu pupila azulada
vislumbrando mi rostro como dos perlas rosadas.
He venido a esperarte con los brazos abiertos
esperando que los tuyos tengan ganas de estrecharme.
He venido a ver el cielo, las estrellas y los astros,
la libertad, lo infinito, lo que queda por hacer.
He venido, sí, y aún no sé por qué he venido.

ME REBELO

Me rebelo contra el mundo atroz,
personas indignas e hipócritas,
lo injusto y lo subversivo,
y aquello que no es lúcido y palpable.

Me rebelo contra el prójimo sin fantasía,
la realidad alterada y llena de perversión.
Contra aquellos que usan a los débiles
para beneficio propio,
alterando las conciencias de los más endebles.

Me rebelo ante mentes sectarias, fanáticas,
contra los que aman batallas venerando toda lucha
y odiando todo diálogo.
Hacia aquellos hombres que actúan sin meditar,
meditan sin pensamiento, víctimas de la ignorancia.
Hombres que pregonan su barbarie
presumiendo del saber.
Hombres que abren las mentes de aquellos
que todo lo temen,
de aquellos que quieren saber a golpes de fe
y utilizan su valía alterando la palabra.

Me rebelo contra ellos.
Rebélate tú también.

MI PALABRA

Mi palabra es brío, es ilusión y enseñanza,
es melodía que se viste de mensajes.
Mi palabra es mi terapia, mi pespunte, mi labor,
es el aire cuando escribo de él,
el sol cuando narro de él,
el beso cuando hablo de él.
Mi palabra es un cúmulo de sensaciones,
mi éxodo, mi añoranza.
La noche que nace,
el día que nace,
la sombra que nace.
Mi palabra está ahí,
en medio del camino,
distante, absorta.
Mi palabra va y viene como un delirio de luz,
está embriagada de emociones,
tímida, apocada, retirada en la sombra.
Mi palabra es mi huella, mi equipaje, mi máscara,
es el péndulo del reloj extraviado.
Mi palabra es la vida en el lugar perdido,
perdida en el insomnio, la tormenta,
la tempestad y el tiempo más remoto.
Mi palabra está aquí, allí,
oculta, tenebrosa, extasiada.

MI SUEÑO

Tengo un sueño, ¿te lo cuento?
No quiero despertar,
el resplandor de la luna se refleja en mi mirada,
en el aire y en la atmósfera.
La luz se resguarda de la sombra, del crepúsculo
y la quimera.
Sueño lleno de esperanzas, cobijado de emociones
y extasiado de pasión.

Sueño que confundes realidad con fantasía,
mi pensamiento brota repleto de utopías,
ideario de cascadas como torrente que fluye,
como soles que se apagan y nubes que se repudian.

Sueño que vive el presente y añora lo indefinido,
descubres los sentimientos que adentran el interior.
Sueño que rechazas ideales oprimidos, desgastados,
vanos, confusos, vejados por la abundancia.

Sueño que forjas ideales para ser parte de ti,
de mí, del agua, de tierras y manantiales,
de sujetos dominados, humillados y oprimidos.
Sueño que amaneces día tras día sintiendo el beso
en la distancia, en mi interior.

NIÑEZ

Quiero recuperar bellos caminos, atardeceres dejados,
paseos olvidados de aquellos tiempos inciertos.
Quiero tenerlos, conservarlos, saber que están ahí,
en mis recuerdos, en mi memoria.
Sacar de la botella vacía deseos del pasado,
retornar dulces recuerdos de la niñez perdida
echando un pulso a este futuro incierto, indeciso.

Cerrando los ojos, reemplazo mi persona
y vuelvo a ser la niña de aquellos días claros.
Disfrazo tonos grises por cuadros de colores
e invierto carcajadas por melancólicos rostros.
Dulce infancia, sonrisa inocente,
qué anhelo soñar tiempos dichosos.
Difusa conciencia que ansía lo ajeno
sorprende e indaga mi infancia interior,
camina inconsciente por mundos apócrifos,
renace mi espíritu de ensueño e ilusión.
Bellas carcajadas que esperan lo imposible,
atardeceres fríos dejando el sol pasar.
Fantasía olvidada retornando de nuevo
a espacios del pasado.
Difícil de añorar.

NO SOY DE NADIE

No soy del mar, de la tierra, de la nada,
no soy de la isla misteriosa que susurra bajo
el silencio oculto de lo eterno.
No soy del sol, de la luna ni de la ausencia,
soy de mí, de mi silencio, de mi persona,
del lado y angelical despertar.

Soy de la tierra que habito,
de las legiones y de los montes habitables,
de las multitudes que me siguen y me leen,
de aquellos que me inspiran y me acogen.
No soy de nadie.

Soy del silencio oculto tras la nada,
del murmullo y la libertad que habita tras el aire.
Del raudo velero que navega
distante y caprichoso al compás del viento.
Soy del que viaja acompañando multitudes:
pensativo, ajeno, distante y perplejo,
absorto y estático contemplando el paisaje
entre lágrimas, entre sueños.

NOCHE

Noche que fabricas sueños, fabricas sombras y espasmos,
noche que arrebatas pasiones porque finges ser inestable.
Noche emocional, caprichosa y delirante,
muestras tus fantasías y anhelas lo incongruente.
¡Oh, lentas melodías que acechan por mi mente
como paisaje agreste que asoma en la existencia!

La oscuridad y el gozo desvanecen y apagan mi energía,
clamando a las estrellas su luz turbia otoñal.
Mi nostalgia florece y se va por momentos
cuando las sombras se asoman,
cuando la calma está presente.

La luna palpitante camina:
ocaso que se asoma, fantasmal, delirante.
Figura que destella en el agua invisible,
entre crepúsculo y sombra palidece risueña,
turbio y blanco reflejo que enajena impasible.

El paisaje yace sereno esperando la aurora,
sus almas de inquietas zozobras suscitan el fervor.
Los sueños satisfacen las almas más despiertas
y esperan impacientes el canto, la pasión.
El hombre sembró la alborada,
sembró despierto los sueños que luego quiso cumplir.

Los bosques duermen plácidos, tranquilos, apacibles,
armonioso horizonte que, alumbrado,
busca añorando el alba.
Hojas de acuarela claman al viento risueñas
y esperan de este un poco de atención.
Frágil paisaje perplejo y ausente,
esbelta y lúcida noche:
clamor, paz, discreción.

Escribir los versos a la luna,
a la noche sutil y gallarda,
escribir al paisaje que me inspira
a la sombra,

a la nada.

ODA A LA FAROLA

Para ti, farola,
por todo lo que aguantas y todo lo que ves,
por todo lo que sabes y callas.
A ti por ser discreta,
por saber aguantar a aquellos ignorantes
que día a día y noche a noche ves rondar.
Porque tú te lo mereces.
Sabes aguantar las burlas de locos maniáticos,
malditos ignorantes e intrusos sujetos.
Oyes injurias y encubres a los más desamparados.
Ves cómo la reina noche quiere ocupar tu espacio
y esperas que las estrellas se pongan a tu favor.
Eres bondadosa, cauta, no conoces el enfado,
esperando que los rayos te dejen al fin descansar.
La multitud no te deja.
ALÚMBRALES.

ODA A LA POESÍA

Sustancia, sentimiento y angustia, necesidad de vivir.
Llanto, risa, luz y sombra, verbo, sustantivo y palabra.
Olvido de la expresión.
Necesidad de expresar la imagen de lo sentido,
aureola boreal, luna inerte y constante.
Altas multitudes para decir lo preciso.

Brillantes e inagotables palabras del inconsciente.
¡Oh, sueños, cantos, mentes!
Millones de sonidos acechan el interior,
sentimientos que reanudan mis pensamientos
con ganas de exprimir mi instinto de percepción.
Saber que soy capaz de sacar mi yo más profundo.
Las palabras se perfilan por los delicados fondos,
intentan apurar los más dilatados anhelos.
Constantes multitudes resuenan en mi mente
perfilando en mi alma la sólida palabra.
La luz de la conciencia murmulla suplicando
que agote mis afanes en los dilatados versos.
Incógnitos vocablos emergen de mi alma,
despuntan lo que siento de amor y realidad,
formando con los mismos ficción y fantasía
que surgen de mi estímulo llenándome de paz.

Oda a los artistas

Calles desiertas, aplanadas, indignadas…

Levantaos.
¡Sed capaces de decir basta!
Con nosotros no se juega.
¡Basta de bautizos falsos!
¡Basta de falsos nombres!
Dejadme con los artistas, humanistas y los sabios.
Dejadme con aquellos
que levantaron la voz del indignado.
Dejadme de falsos mitos,
falsos santos y milicias.
¡Dejadme de nombres viles!
¡Dejadme!

Aquellos tachados de locos,
ilustrados y poetas reconocidos por pocos.
Aquellos nobles y gratos
dejan sus plazas, sus calles, sus lugares y sus barrios,
no nuestros corazones
que os queremos y os tenemos,
os llevamos y os guardamos.

Pisáis fuerte, viles hombres,
las letras y las obras de aquellos que os mencionaron.
Deshacéis las letras de aquellos que os hirieron,

de aquellos que un día proclamaron LIBERTAD.
Lapidáis las multitudes de indefensos sepultados,
de eruditos que saben amar, versar, cultivar.

ODA A LOS CAMINANTES

Corred, venid, caminantes errantes,
que aquí os espero,
caminad por el sendero de la tierra que os aguarda.
Sabed que os esperan con las manos abiertas
los hermanos que un día dejaron sus tierras
amarrados de dolor,
el dolor de no tomar la simiente engendrada.
OTROS LA ARREBATARON.
Vosotros, caminantes,
sabed luchar por lo que es vuestro,
sabed que vuestra tierra os espera con los brazos abiertos.
Sabed que vuestros frutos serán recolectados
y engendrados por vosotros.
Caminantes, no desesperéis.
Sacad vuestras armas allí donde estén:
de la palabra, de vuestra fuerza, de vuestro arte.
Porque yo, vuestra tierra, no os olvido.

OTOÑO

Cantos espirituales, celestes, eternas melodías,
ondas que acarician los árboles tras su tierna caída,
flores, verano, triste despedida,
susurro, olor fresco, himno y melancolía.
Cantar de aquellas aves que entonan, renacen, suspiran.
Huelen a aire limpio,
aire, olor y caricias.
Caricias de aire puro, puro como el mediodía,
como el agua de aquel río,
como las hojas marchitas.
Hojas que vemos besarse, besando el suelo,
aireadas de ternura, de llanto, de eternas sonrisas.
Cielo inerte, dormido,
esperando que las nubes le den alma, le den vida.
Cándido otoño, viejo otoño,
tu voz renace escondida.

PALABRAS

Bellas y caídas desde el cielo
salen las palabras de mi boca.
Pensamientos, palabras…
son solo eso:
vocablos, sentimientos.
Un buen día dijo el poeta: «¿Vivir en ellas?».
Útiles y bellas son iguales a la aurora.
Mueren, desvanecen, se van
y renacen como la luz y el recuerdo.
Trágica luz nostálgica.
Asoma, errante poesía, que aquí sabes que te espero.
Quisiera que me comprendiesen sin palabras,
sin suspiros ni lamentos.
Quisiera que me comprendiesen
solamente con los gestos,
con una sola mirada,
igual que el pez ama el mar
que así me entendiesen ellos.
Lo mismo que miro a los árboles
entenderse con el viento,
lo mismo que la roca entiende el paisaje oculto,
lo mismo, entenderme ellos.
Palabras, dicen… se las lleva el viento.
Tú, que me entiendes, buen amigo,
RESPÓNDEME CON UN VERSO,
respóndeme con poesía,
respóndeme con un gesto,

respóndeme con palabras,
PALABRAS… son solo eso.

Primavera,
agitada primavera de verdes árboles,
tú, que floreces día a día,
tú, que apasionas con tu dulce cantar.
Insinúate.
Enseña a provocar como tú sabes,
con tu olor, tu aroma, tu fragancia armoniosa.
Suscita pasiones.
Guíame como las flores excitan a los árboles.
Tu perfume embriaga la naturaleza,
los pájaros entonan baladas mientras el río corre,
el agua susurra poemas de amor.
Dulce primavera…
fragancia infinita en constante movimiento,
absorbe estas palabras y entona tu himno
con lluvia impasible y cielo otoñal.
El río en movimiento entona melodías,
mientras las aves murmuran a las flores frescas
poemas de amor.
Dulce primarera…
quédate conmigo.
Los enamorados esperan distantes a orillas del lago
recitando versos bajo el encinar dormido.
Dulce primavera…
sol del mediodía.
No te alejes nunca,
sueñas con volver.

SORPRÉNDEME

Sorpréndeme, veamos las estrellas,
absorbe lo absurdo y aquello indiferente.
Siéntate bajo las sombras de los árboles dispersos
meditando cuál fue tu mal y en qué te equivocaste.
Reacciona, sé siempre tú.
No cambies a pesar de las adversidades y del tiempo,
a pesar de comentarios de aquellos que no te aman,
de aquellos que viven vidas ajenas e improcedentes.

Renace.
Vuelve a sentirte fuerte.
Medita ante la naturaleza, que desata pasiones
y no despierta rencor.

Vive.
Mira hacia lo infinito y siente la luz interior
para no mostrar imperfecciones.
Sorprende con un golpe de energía
y de equilibrada cordura.
Intenta alzar la voz para que otros te oigan,
para que otros indaguen lo que quieres predicar,
para dejar atrás calamidad y carroña,
proclamando una vez más sentimientos positivos.

SOY MUJER

Soy mujer y, como tal, soy la que soy
y por querer ser como él dijo
no fui nadie.
Soy la que fui ayer,
la que quise ser en su momento y no pude ser,
la que he sido y sigo siendo,
la que añoro ser fingiendo serlo.
Soy la que debiera ser en su momento y no lo fui,
la que soy ahora recordando el ayer,
la que veo día a día en el espejo
y no cambia a cada instante.
Quisiera ser así y lo deseo.
SOY ALGUIEN, lo mantengo.
Soy como soy y así lo quiero.
Deseo ser como soy y lo sostengo.
Voz de mis palabras, de mis ideas y pensamientos.
Sostengo que fui, soy y seré así:
MUJER de mis IDEAS,
de mis cantares, de mis recuerdos.
HE CAMBIADO, CRÉEME.
Hoy no dejo que los miedos se apoderen de mí,
ni me dejo arrastrar por el dominio maldito.
¡Camino fuerte y rompo mi silencio!

NI TÚ NI NADIE MANDÁIS SOBRE MÍ.
Fijaré mi ley porque soy mujer.

Impondré mis normas deshaciendo nexos
porque soy como soy, reina de mi casa y
dueña de mí misma truncando el silencio.
Soy ave sin rumbo rompiendo barreras,
LIBRE COMO EL VIENTO.

TE LLEVO EN EL RECUERDO

A la madre más maravillosa

Te llevo en el recuerdo siempre,
en este mundo, en el otro, en el de más allá.
Te llevo en el recuerdo siempre
haciéndote ver que el tiempo es indeciso,
que el futuro es incierto y el mañana es el ayer.

Te llevo en el recuerdo siempre,
portadora de mis sueños, de esperanzas e ilusiones.
Te llevo en el recuerdo siempre,
en esta cabeza loca llena de imprecisiones.

Te llevo en el recuerdo siempre
porque fuiste mi esperanza,
mi bendición y mi orgullo, mi cobijo y protección,
fuiste todo para mí.
Allá te siento en mi espacio, siento que estás conmigo.

Te llevo en el recuerdo siempre
porque para mí sigues despierta, viva.
No debo buscarte por los lugares más recónditos,
sé que estás aquí, protegiéndome,
donde los recuerdos florecen, brotan y susurran.

VALIENTE

Tú no quieres recordar los caminos perpetuos,
los caminos vacíos, solitarios y secos.
Te sentirás perseguido y hostigado,
te sentirás solo y frustrado queriendo decir
que no puedes más, te rindes.
Entonces, acuérdate de aquellas personas,
de mí, de ti, de ellos,
de aquellos que escriben y piensan,
de aquellos que sienten por ti,
que viven por ti,
que ríen y lloran por ti,
DE AQUELLOS QUE SUFREN POR TI.

VERSOS A LA POESÍA

¿Tú sabes lo que yo siento, sabes lo que pienso de ti?
¿Acaso no sabes que sé tu nombre?
Te contemplo a cada instante, al momento.
Te siento mía, profunda e intensa
porque tú me conmueves,
me enterneces, me extasías al momento.
Son letras tus sonidos agudos
y afligidas palabras que asoman a cada instante,
son melodiosas armonías tus dilatados versos.

Tu asonancia me cautiva,
envuelve fugaces rimas de anhelo y de compasión.
Sé que estás ahí cuando te necesito.
Tú, la que mejor me comprende,
la que exprime mi mente y saca de mí mi ser.
Tú, la que ahondas en recuerdos,
ayudas a enamorados e indagas en la razón.
Tú, que eres complicidad partícipe de mis sueños,
te mereces estos versos porque eso eres tú,
amparando en la conciencia partidaria de sus actos.
Porque sé que tú floreces,
porque el mundo existe y yo también existo.
Quiero hablar contigo, quiero desahogarme,
quiero suplicarte que me escuches.

Desahogo con mis versos subterráneos pensamientos
e indago en profundidades más allá de la razón.
Confío en que estás ahí, intacta y provocadora,
clamando que yo te atrape y al fin puedas volar.
¡Oh, linda poesía asidua, acompáñame hasta el fin!

DON QUIJOTE

La pluma es la lengua de la mente.
Al bien hacer jamás le falta premio.
Miguel de Cervantes

Viejo y loco don Quijote, sabio y cuerdo te retratas,
ahuyentas la ingratitud, tu palabra, tu mejor arma.
Tú, guardián de los débiles,
brío que los custodias, caballero de las damas,
de las palabras más bellas, más ricas, más sabias.
Poeta de multitudes, repeles las almas malas,
rechazas a los espectros, a los fantasmas y ánimas.
Deseas a Dulcineas luchando con los molinos:
gigantes de viles mañas.
Condenas la alevosía, la tiranía y la infamia.
Cabalgas por esos montes, esas tierras de La Mancha,
charlando con tu escudero,
Sancho amigo, gran camarada.
Huyes de dictadores que no entienden tu palabra,
veneras la lealtad no sospechosa de nada
y amas la libertad, la honestidad, la amas.

EVOLUCIÓN

Soy solo lo que soy,
y por querer ser quien soy
no soy nadie.

Soy la que fui ayer,
la que quise ser y no fui,
la que he sido y sigo siendo,
la que añoro ser fingiendo serlo.

Soy la que debiera ser en su momento y no lo fui,
la que soy ahora recordando el ayer,
la que veo día a día en el espejo
y no cambia a cada instante.

Quisiera ser así y lo deseo,
Soy alguien, lo mantengo.

Soy como soy y así lo quiero.
Deseo ser como soy y lo sostengo.
Voz de mis palabras, de mis ideas y pensamientos.
Sostengo que fui, soy y seré así:
poeta de mis versos, de mis cantares, de mis recuerdos.

VIENTO INCANSABLE

El viento sopla con fuerza, con ímpetu y ganas.
El viento sopla con tal frenesí volviendo del mar,
quebrantando árboles, moviendo montañas.
Contagia silencios en la umbrosa noche
y la vuelve opaca percibiendo toques.
Se rompe el mutismo y la tranquilidad.
El pertinaz viento insistente llama,
llora obstinado pidiendo pasar.

Su fuerza es palpable, su fuerza es tenaz.
El viento es libre, no es celda,
fugazmente irrumpe franco y espontáneo.
Escucha su himno su soplo palpar,
furtivo silbido vaga por el mundo,
viento que me escuchas, has venido a hablar.
¿Qué me dicen tus palabras, qué me dice tu silencio?
Donde el cariño repose soñando
tierra y mar te aguardarán.

Tarde

La tarde se muere, se duerme y apaga
como una luz fundida en el hogar oculto.
La tarde se desvanece y oculta su inconsciencia
escondiendo reflejos vejados y oprimidos.
Allá, sobre los montes, veo el silencio roto,
veo el árbol tras las ramas malherido por el viento.
El camino tosco y firme es el camino dorado,
es el camino que aguarda el final y el infinito.
Al borde del atajo tú y yo nos adentramos
cual dos caminantes errantes en un solo soñar
observando caminos que disipan los sentidos.
Atardecer y tiempo.
VIVIR Y DESPERTAR.
Tarde de soledad y hastío,
tarde de matorrales desterrados,
tarde de avalancha, luz y gentío,
QUE EVAPORA EN LA SOMBRA
LO YA OLVIDADO.

A LA ABUELA

Repasando tu vida
estabas en tu trono especial, tu sillón.
Implicada en todo, curiosa e inteligente,
gesticulabas y avisabas.
Abuela de uno y de muchos, madre de dos y de más.
Luchadora y vividora de dos siglos,
feliz hasta el fin de tus días.
Quisiste y amaste, te amamos y respetamos,
sufriste por los tuyos sabiendo sobrevivir
a las adversidades más crudas.
¡Cuánto perdiste por el camino de esta atroz vida!
¡Cuánto aprendimos con tu sabia y dulce cultura!
Reencuéntrate con los tuyos y sé igual de feliz.
Hay cementerios solos, tumbas solas,
flores solas y moribundas,
centenares de ataúdes esperando
la llegada de tu dulce sonrisa,
esperando que los llenes de alegría y cordura.
No esperaba que tu marcha fuese tan dolorosa
porque tu espíritu era joven.
Tu anhelo de libertad,
tus ansias de vivir hasta el último momento
querían seguir con nosotros
en este lugar llamado mundo.

Dejad las lanzas

Veo vuestros ojos y me inquieto,
saco infinitas conclusiones.
Indago, busco, contemplo.
Solo una cosa tengo clara:
nada, absolutamente nada es perfecto.
Circunstancias hay infinitas
para quedar perpleja ante el paisaje.
Vivir el presente, socorrer al más débil,
huir de la grandeza y del que poco o nada sabe.
Huir de la ignorancia y del que no quiere aprender,
amar la vida, saber quererla.
¡Cuánto nos queda por hacer!
Premeditad un futuro mejor,
¡hombres que piensan, pero no avanzan!
Salid a la calle, haced amigos.
Buscad palabras.
Dejad las lanzas.

Unamos nuestras manos

Veo y contemplo el paisaje,
me desahogo de pensamientos y de emociones vacías,
reacias a compartir lo duro y triste de ayer.
Quiero vivir el presente, encaminarme hacia el abismo.
Salir del paso y no hacer planes,
darme de bruces y levantarme más fuerte.
Me anunciaron que los sueños, sueños son,
que el infinito no llega y el vacío es perdurable,
que la soledad es endeble y la tristeza es soledad.

Vive lo que no has vivido,
sueña lo que no has soñado,
piensa que como persona equivocarse es de sabios.

¡Vivamos lo reciente, dejemos el pasado!
Dejemos la arrogancia, unamos nuestras manos.
Vivamos un yo infinito ansiando LIBERTAD.
Dejad los juramentos que no proclaman PAZ.
GUERRA, ¡maldita palabra!,
maldecida por unos, añorada por muchos más.
ARMAS, ¡malditas armas!,
destructoras de los males
que acechan a la humanidad.

AÑORANZA

Cantando y repasando tu vida estás,
distraído como inerte y absorto,
floreciente de felicidad a la orilla del río
rodeado de colores:
azul, verde, añil y violeta,
todo en igual armonía.
El mes de abril te rodea y con él la ansiada primavera,
formas y colores diversos se expanden alrededor de ti
para dar vida a tu vida y cubrir de color tu alma.
Sigue anotando tu esencia escribiendo tus memorias,
apuntando en tu libreta el optimismo perdido.
Sigue saciando con versos los tristes años vividos
dejando atrás lo pasado para volver a soñar.
Cree en lúcidos colores tachando todos los grises,
sabiendo que la brisa torna de nuevo tu estancia.

MIS VERSOS

No todas las rosas son rojas,
ni todas las noches oscuras.
Sé que mis versos son formas
que quedan por esculpir.
Mi verso es un gran silencio
compuesto de mil palabras,
vendavales y huracanes,
mientras vivo, mientras duermo,
mientras sueño.
Porque soñar es un reto,
soñar, escribir, contemplar.
Escribir de los pájaros, del aire, de las rosas,
escribir y existir.

Mi deleite es mi obra,
mi verdadero huracán.
Todo se convierte en verso, en estrofa, en poesía,
guardiana de mi sentir,
de mi existencia, de mi añoranza,
guardiana de mis recuerdos.
Versos transparentes,
sin mentiras,
versos.

MENSAJE

Para que tú me escuches y sepas lo que digo,
para que sepas qué dicen mis palabras
debes saber que mis vocablos y dichos
enflaquecen como aves volando en la costa.
Mas debes saber que mis palabras son tuyas
porque tuyos son mis pensamientos,
tuyas son mis intuiciones,
mis perfecciones, tuyas.
Mis mensajes ascienden como yedra infinita
asomando inminente hacia tus inquietudes.
Escapando huyen de la cárcel marchita
intentando atrapar el albor más soñado.
Viento huracanado,
¡no arrastres mis palabras!,
solo arrastra contigo aquellas voces sucias.
Aléjalas de mí incitando a las nuevas.
Mis discursos se expanden a plena luz del día
y en la lóbrega noche intento pararlos,
recoge mis mensajes en este corto espacio
y absorbe mi poesía porque es mi palabra.

LA MUCHACHA

En la armoniosa plaza
se encuentra un laberinto de callejas,
de desoladas calles y desoladas tierras.
Tras de sí, se esconde ella,
la linda muchacha, armoniosa, morena.
Sus ojos negros como la noche
renacen tras los cristales como dos fugaces estrellas.
Brilla su plácida sonrisa,
figura afable y risueña.
En su rostro hay candidez, hay juventud,
¡quién la tuviera!
Volver a aquella gentil niñez,
aquel apacible ser que observo allá,
tras mis rejas,
tras los nítidos cristales jugando con su inocencia.
Cándida, inocente y franca,
no dejes de ser ingenua.

Abriendo puertas

No, no dejéis cerradas las puertas de mi casa.
No las dejéis, no.
Quiero verlas abiertas.
Quiero ver abiertas las puertas de la vida.
No quiero cerrojos echados.
No quiero candados ni llaves.
Prefiero la libertad.
¡Dejad las puertas abiertas!
Dejad que el aire se asome.
Dejad que la vida entre por el reflejo de los cristales.
Quiero vida y claridad.
Quiero luz y transparencia,
para que cuando requieras de mí
veas que sigo viva, tranquila ,confiada y despierta.
Borrando lo perverso, lo vacío, lo inmaduro,
contemplando esperanzas e intentando soñar.

Quiero resplandor, no quiero hipocresía.
Que se respire el aire con gracia y emoción,
abriendo puertas nuevas,
rompiendo los candados,
Que el aire no parezca huérfano,
indefenso, sucio y olvidado.
Contemplar la mañana con la luz de antaño,
con la avidez y el ansia de volverla a abrazar,
de vislumbrar su rostro
que mana alegría, esperanza, pasión.

YO ELIJO

Eligiendo horizontes estoy, aquí se encuentran todos.
Aires desoladores e indescifrables
aunando en la monotonía y franqueando barreras,
asaltando franjas, demoliendo murallas.

Encontrados en el mismo terreno:
amigos y enemigos, vivos y muertos.
Desolados exteriores difícil de descifrar.
Aquí me encuentro mugriento,
oliendo a gente inconstante.
Lo único que me salva es este paisaje,
paisaje de azucenas e invernadero.
La mujer que divisa el campo también emana su aroma.

Se observa lluvia, luz, vida y muerte.
Se advierte melancolía cuando existe silencio.
Se percibe angustia en las hojas marchitas.
Sin embargo, también denoto alegría
cuando el trinar de los pájaros es constante e intenso.

Quiero elegir mi paisaje.
Quiero optar por el júbilo y la dicha.
Quiero escoger la embriaguez del medio
y dejar de lado la nostalgia de lo caduco.

AL POETA

Murió el poeta y todo quedó huérfano,
todo quedó desamparado, triste.
Cuando murió el poeta, la noche salió sin luna,
las estrellas se esfumaron y el sol se volvió opaco.
Cuando murió el poeta, las hojas se secaron
y las flores marchitaron.
El río quedó desierto, quedó sin vida.

Murió el poeta y todo se perdió.
Cuando murió el poeta, contemplaba el dolor absorta.
Los animales sentían nostalgia
y la luz del sol se convirtió en penumbra.

Murió el poeta, y todo,
todo se desvaneció.
El día se convirtió en noche
y la risa llegó a eclipsarse.
Murió el poeta, pero no su poesía
porque tus palabras,
poeta, no cesan jamás.

EL MUNDO ESTÁ EN RIESGO

El mundo está en riesgo.
¡Seamos capaces de dar un paso hacia arriba!
Luna sin brillo,
sol apagado,
lluvia sin brío,
todo se va quebrantando.

No me atrevo a pronunciar palabras,
a señalar a nadie, a involucrar a nadie,
todos somos culpables.
No me atrevo a señalar el aire,
no me atrevo a señalar el agua.
Todo se encuentra sucio, maltrecho e inmóvil.
Mis pasos se van consumiendo.
Mi voz se va apagando y los sueños se quebrantan.

Hombres, ¡despertad!
Dejad de estar dormidos e inmóviles,
inertes y pasivos.
Dejad de paralizaros.
Vuestras mentes necesitan soñar,
necesitan vislumbrar aquello que añoran,
necesitan ocupar vuestros instintos
y llenar vuestros sentimientos
de versos penetrantes e intensos.

ESCRIBID

Todo es importante.
Usad vuestras palabras y descargad vuestros sentidos.

El mundo se está consumiendo,
desgarrando,
deshaciendo.

BASTA CON MIRARNOS

Para mi pecho basta un corazón
tan grande como el tuyo.
Para mi libertad solamente quiero alas.
Y para decir la verdad
y unirnos frente a frente
basta con mirarnos,
sobran las palabras.

Llegas cuando la tristeza entra en mí,
cuando me quedo ausente, inquieta, acomplejada.
Despertando mi espíritu de niña,
emigrando hacia nostalgias pasadas.
Es entonces cuando vuelo como un pájaro,
difundiendo palabra por palabra
todo aquello que quise transmitir.
Pájaros de ausencia,
pájaros del hombre,
pájaros del alma.

Quebranta la humanidad

Cenizas inconstantes que brotan de la nada.
Sumergirse en un caos y abstenerse de lo absurdo.
Sobrevivir a las adversidades del tiempo,
ese es el fin de la existencia.

Hojas inflexibles que sufren con la edad,
pasos inconstantes que a todos nos hacen sucumbir
como las flores marchitadas por la angustiosa sequía.
Cálidas proezas llenas de confusiones
y osadías piadosas por nobles caballeros.

Hazañas infames por viles combatientes
que descargan sus armas con los más endebles.
Inexorables personas carentes de comprensión,
impías y apóstatas que no rezan al dios.

Infiernos teñidos de rojo bermellón
os esperan abiertos bajo cruel amenaza.
Constantes pensamientos que invaden lo ridículo,
futuros no lejanos que acechan la sociedad,
fantasías rotas, estalla lo sensible.
La utopía se apaga,
quebranta la humanidad.
ESTOY ANALIZANDO MIS SENTIMIENTOS.
Estoy analizando mis sentimientos
y sin teneros cerca siento que me escucháis.

Las lágrimas se acercan a mis ojos.
Contemplo absorta el paisaje
y desde mi ventana oigo la lluvia caer.
Vivo con mi silencio.
Es entonces cuando los recuerdos se apoderan de mí,
Pienso en voz alta,
quiero volver a mi infancia,
quiero volver a ser niña.
Algo me hace no creer,
algo me hace no sentir,
mas mis cinco sentidos están a contracorriente
entre lo que espero y no tengo.
Por ello, miro al cielo, contemplo tres nubes
y digo «sí, son ellos».
Están agarrados de la mano, juntos,
protegiéndome, son mis guardianes, mis dioses.
Ahora sí creo, creo en ellos.
Analizo las palabras de mi sabio
y embobada sigo mirando al cielo.

Recuerdo que me decía que somos pura energía
y la muerte es un tránsito hacia la otra vida,
un precipicio, un camino
y un cambio de acera, un salto sin caída.
Recuerdo sus bellas palabras, que suenan a melancolía.
No quiero ponerme triste ni nostálgica,
ni que mis lágrimas salten.
Ellos no me dejarían.
Quiero pensar como un niño:

están en un dulce sueño,
profundo y absorto.
Yo sigo aquí, ellos me guían.

Si supiera que poniendo flores en su lápida
iban a estar conmigo de nuevo
esos tres soles que se fueron,
ahora mismo iría.
Sé que no es así.
Si supiera que poniéndome delante de esa lápida
a rezar mil oraciones conmigo de nuevo estarían,
iría, rezaría y haría lo imposible para traerlos conmigo
pero… la naturaleza es sabia.
No necesito lápidas, ni flores, ni cementerios,
no necesito nada.
Están en mi corazón, les hablo y me dan calma.
Imágenes, cruces, flores, nichos, lápidas.
Ellos son más que eso,
ellos dicen ya basta.
Recuérdanos como fuimos.
Recuérdanos con palabras.

Índice

91

Sobre la autora

María Isabel Patrón Fajardo nació el 23 de marzo de 1975 en Cáceres, aunque su niñez la recuerda en la carretera, en esos fines de semana en los que sus padres, su hermano y ella se desplazaban desde Coria, lugar de su primera niñez y donde trabajaba su padre, a pasar los sábados y domingos con la familia en Malpartida de Cáceres, pueblo natal de sus progenitores y que actualmente es su localidad de residencia.

Recuerda que su casa «siempre estuvo rodeada de libros, libros mágicos; de ahí mi afición a escribir, de ahí mi vocación por el arte, la pintura, la escultura, la música, la literatura… Todo un cúmulo. Mi padre decía que el saber no ocupa lugar y por ello nos enseñó a amar el arte».

Tras licenciarse en Filología Hispánica, comenzó a trabajar en la administración pública y a colaborar con el Centro Cultural Ateneo de Cáceres, en la revista local *Avuelapluma*, en las páginas literarias «Dana o la luz detenida y «Los filólogos somos necesarios» y en la oficina de gestión cultural del vicedecanato de la Universidad de Extremadura.

Entre sus galardones literarios destacan el primer premio del certamen de relato corto del Centro de Educación de Adultos de Cáceres (1997-1998); su puesto de finalista en el concurso de poesía del Centro de Estudios Poéticos (junio de 2013), con la publicación del poema «Primavera» en la antología *Un paseo entre versos;* o el accésit obtenido en el II Certamen de Poesía Nacha.

* 9 7 8 8 4 1 9 2 6 9 5 5 3 *